AF542495

25

LEÇONS DE SOLFÈGE

A Changements de Clefs

DONNÉES DEPUIS 1871

AUX CONCOURS DU CONSERVATOIRE ROYAL

DE BRUXELLES

DIRECTION DE

F.-A. GEVAERT

Prix Net : 4 Francs

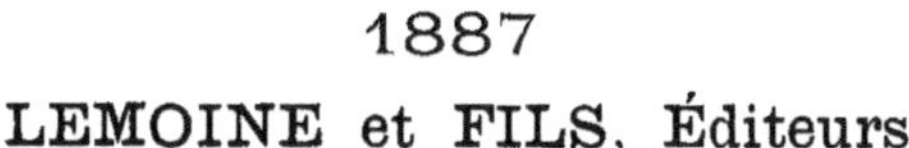

1887

LEMOINE et FILS, Éditeurs

PARIS, 17, rue Pigalle. — BRUXELLES, 45, rue de la Régence

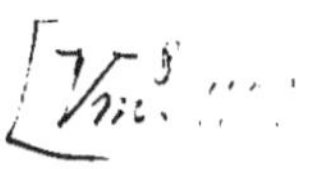

LEÇONS DE SOLFÈGE

À CHANGEMENTS DE CLEFS

données depuis 1871

AUX CONCOURS DU CONSERVATOIRE ROYAL DE BRUXELLES

CONCOURS DE 1871

F. A. GEVAERT.

All° moderato

CONCOURS DE 1872

d'après un air de J. S. BACH.

Moderato

N° 2

p
p
mf
p
p

mf
p

CONCOURS DE 1873

f
p
p
3

p
p

CONCOURS DE 1874

p
3

p

p
p

p

CONCOURS DE 1875

d'après un air de J. S. BACH.

tr
tr
tr
tr
tr

CONCOURS DE 1876

p
mf
3
mf

p
p
3

mf
p
p
mf
tr

MÊME CONCOURS

d'après une fugue de J. S. BACH.

f
mf
f
mf
f
mf

mf
f
mf
mf
f
f

CONCOURS DE 1877

p

MÊME CONCOURS

d'après un air de J. S. BACH.

CONCOURS DE 1878

d'après un récitatif de J. S. BACH.

MÊME CONCOURS

mf
p
mf
p
p

mf
p
p

CONCOURS DE 1879

d'après un air de J. S. BACH.

Adagio

N° 12

p

p

p

MÊME CONCOURS

d'après un air de J. S. BACH.

Moderato.

N° 13

mf
mf
tr
p

mf

CONCOURS DE 1880

d'après un air de J. S. BACH.

M.G.
M.D.

MÊME CONCOURS

d'après un air de J. S. BACH.

Moderato

N° 15

tr
p
p
p

CONCOURS DE 1881

d'après J. S. BACH.

3
3
3

MÊME CONCOURS

d'après J. S. BACH.

p
p
3
3
3

CONCOURS DE 1882

d'après J. S. BACH.

MÊME CONCOURS

d'après une basse de J. S. BACH.

3
3
3
3
3
3
3
3

CONCOURS DE 1883

d'après **J. S. BACH**.

3

MÊME CONCOURS

d'après J. S. BACH.

CONCOURS DE 1884

Adagio

d'après une basse de J. S. BACH.

N° 22

MÊME CONCOURS
d'après la même basse.
Adagio
p
Nº 23
p
3
3
3

CONCOURS DE 1885

d'après J. S. BACH.

MÊME CONCOURS

Leçon composée par F. A. GEVAERT
dans un des modes de la musique indoue.

p

www.ingramcontent.com/pod-product-compliance
Lightning Source LLC
LaVergne TN
LVHW010000230826
846092LV00002B/577

* 9 7 8 2 3 2 9 5 8 7 2 9 5 *